AF242909

PANÉGYRIQUE

DE

Saint Dominique

PRONONCÉ

au Couvent de Carpentras

PAR M. L'ABBÉ COUDER

Curé de St-Geniez

AVIGNON

IMPRIMERIE ALEXANDRE ANDRÉ

Rue Rappe, 8, en face la rue des Marchands

—

1887

PANÉGYRIQUE

DE

SAINT DOMINIQUE

PANÉGYRIQUE

DE

Saint Dominique

PRONONCÉ

au Couvent de Carpentras

PAR M. L'ABBÉ COUDER

Curé de St-Geniez

AVIGNON

IMPRIMERIE ALEXANDRE ANDRÉ

Rue Rappe, 8, en face la rue des Marchands

—

1887

PANÉGYRIQUE

DE

SAINT DOMINIQUE

> *Qui me confessus fuerit confitebor et ego eum.*
>
> Je publierai moi-même la gloire de celui qui aura confessé mon nom.
>
> (MATTH. X, 32.)

MES FRÈRES,

Le plus haut point de gloire où une créature puisse monter est de partager avec la divinité les honneurs religieux que les peuples lui rendent. Tel a été long-temps le rêve des anciens empereurs ou chefs des peuples qui se sentaient, disaient-ils, devenir dieux et qui prétendaient obliger leurs sujets à les honorer comme tels. Folie de l'orgueil humain qui prétendait usurper, comme un bien propre, ce que la volonté de Dieu seul peut donner dans la liberté et la gratuité de son amour.

Voici qu'en effet, depuis que le Verbe s'est fait chair, l'humanité a été transformée, glorifiée, déifiée par l'union hypostatique de la personnalité divine. N'est-il pas écrit que, par J.-C., nous entrons dans la filiation de Dieu même ? *Genus Deorum sumus ; honore Divinæ domûs*, comme disaient les anciens. N'est-il pas écrit que les Saints partageront avec J.-C. son héritage de gloire et sa royauté ? *Conregnabimus et conglorificabi-*

mur; *tanquam in uno*, ajoute saint Paul ; ils seront consommés avec lui dans l'unité : *rogo pater ut in te et in me unum sint.*

Après cela je ne m'étonne plus, chrétiens, s'écrie Bossuet, si saint Grégoire de Nazianze les appelle des Dieux, *dii estis*, et s'il définit le ciel : un Dieu uni à des Dieux, *Deus diis unitus.* C'est la parole du prophète : *ego dixi Dii estis, videbitur Deus Deorum in Sion.*

L'Église de la terre est l'image de celle du ciel. Elle aussi nous présente dans ses temples un Dieu uni à des Dieux, et le culte qu'elle rend aux Saints n'est que l'expression de cette admirable doctrine que nous venons d'expliquer. Dieu a levé pour elle les prohibitions, si sévères cependant, de l'ancienne synagogue. L'image taillée de l'homme n'est plus indigne du lieu saint depuis que J.-C. a pris sur lui la réalité de notre chair. L'Église peut en toute liberté, bâtir de temples à ses Saints, leur élever des statues, les placer sur l'autel, incliner les multitudes à leurs pieds, organiser des pèlerinages, déployer en leur honneur toutes les magnificences de ses théories sacrées. *Isti sunt triumphatores et amici Dei.* Ce triomphe ils l'ont bien mérité; ils sont les amis de Dieu et forment sa cour dans le ciel, *meruerunt ingredi regna cœlestia.* Dieu ne saurait être jaloux du culte que nous leur rendons. *Hœredes facti sunt in domo Domini.* Il les admet volontiers en partage de la majesté du lieu saint et l'Écriture nous dit qu'il trouve sa gloire à se montrer dans l'assemblée des élus, *Deus qui gloriaris in concilio sanctorum tuorum.*

Voilà bien certainement, mes frères, le plus beau panégyrique des Saints qui se puisse faire. Comme la parole humaine se trouve pauvre en présence de toutes les grandeurs et de toutes les magnificences du culte

catholique ! L'Église heureusement n'a pas reçu seulement la mission de former des saints, de développer
la sainteté, de l'exalter, de la glorifier sur terre. Elle
est aussi chargée de la *définir*. Nul n'excelle mieux
qu'elle à en marquer le véritable caractère. D'un seul
trait, d'une seule parole, elle ébauche une physiono-
mie et en marque l'expression avec un relief si saisis-
sant que le travail de l'orateur chrétien n'est plus pour
ainsi dire qu'un travatl de détail, et Dieu sait si notre
inexpérience doit bénir l'Église de nous fournir aujour-
d'hui le cadre et le plan de notre discours. Notre seule
prétention est de vous expliquer l'oraison de la fête de
ce jour, en vous montrant, dans le développement d'un
texte si fécond, toute la grandeur des desseins de Dieu
sur saint Dominique. *Deus qui Ecclesiam tuam illustrare voluisti BeatiDominici meritis et doctrinis, concede
ut temporalibus non destituatur auxiliis et spiritualibus
amplificetur augmentis.* « O Dieu ! qui avez voulu
« illustrer votre Église par les mérites et la doctrine
« de saint Dominique, faites qu'elle ne soit jamais
« complètement délaissée par les puissances de la terre,
« pour le plus grand accroissement de son règne ici-
« bas. »
Pourrions-nous commencer ce discours destiné à
glorifier l'apôtre du Rosaire sans effeuiller aux pieds
de l'auguste Reine du Ciel une de ces roses fleuries
dont le parfum est si doux à son cœur maternel?

Ave Maria !
Douce rose fleurie
Tombe aux pieds de Marie!
Ave Maria !

La prédestination divine est la source première de
la sainteté ; elle en est l'honneur et la gloire. C'est la

volonté du prince qui fait la *dignité* du ministre ;
ainsi en est-il de Dieu, avec cette différence que les
rois de la terre, n'étant pas infaillibles dans leurs juge-
ments, peuvent être mal inspirés et se tromper dans
leurs choix. Dieu seul a cette sûreté de regard que ne
trouble aucune illusion et l'efficace de sa grâce est
telle qu'elle façonne à son gré les éléments les plus
rebelles et produit toujours sûrement son effet. On a
dit emphatiquement du grand roi que

Un seul de ses regards enfantait des grands hommes.

Cette basse flatterie est une parodie misérable d'une
vérité divine, consignée dans les Saintes Écritures :
*Omne donum optimum desursùm est, descendens à
patre luminum.* Que Dieu *illumine sa face au-dessus de
nous*, et tout aussitôt nous nous sentons transformés
et meilleurs ; s'il nous dérobe la lumière de son regard, *lumen vultus tui*, tout rentre dans le néant : *aver-
tente autem te faciem turbabuntur.* Il ne faut à Dieu
pour faire un saint qu'un seul acte de volonté et cette
grande merveille se réalise. Être *élu*, choisi par Dieu,
voilà le suprême honneur et la meilleure garantie du
mérite. (C'est la grâce de Dieu qui *crée* le mérite en
nous). Remarquons-le, en passant, c'est d'en haut que
doit venir la véritable *élection*, la seule qui puisse con-
férer une véritable noblesse, *non vos me elegistis sed
ego elegi vos*. Nous nous trompons en demandant aux
couches inférieures un piédestal pour notre gloire ; il
ne monte du puits de l'abîme que des vapeurs méphi-
tiques capables de faire chanceler la raison la plus
solide, le plus ferme caractère.

La sainte Église a donc raison de nous montrer comme le couronnement suprême de la gloire de saint Do-

minique la volonté souveraine de Dieu, *Deus qui voluisti*, se reposant sur lui avec complaisance et le *mar-
quant comme un vase d'élection destiné à porter son nom
devant les rois et les peuples.* Loin de nous cependant la
pensée de récuser ses illustrations de famille et la noblesse du sang des Gusman qui coule dans ses veines.
Plus que jamais, dans ce siècle de démocratie, il im-
porte de proclamer avec le grand Lacordaire que *la
perpétuité d'une race est un chef-d'œuvre d'habileté et de
vertu*, et qu'il n'y a rien de grand comme ces traditions
de famille qui conservent le sang en même temps que
la noblesse des sentiments. Mais si noble que soit le
sein qui l'a porté, plus noble encore est *le sein de Dieu
même*, où suivant la parole de saint Grégoire, *les saints
ont été produits avant le temps pour que créés ils fussent produits dans le temps. Elegit eum Dominus et
prœelegit eum*, vous l'avez choisi, Seigneur, et prédes-
tiné ; vous l'avez connu, dès l'origine, dans la lumière
de votre verbe divin et vous vous êtes complu en lui,
*domine probasti me et cognovisti me. Vous avez posé sur
lui votre main toute puissante; hic erit magnus*, il sera
grand! Vous en donnez le présage à sa mère bien avant
sa naissance. Homme apostolique, il pourra s'approprier
les paroles mêmes du roi et maître des apôtres : *ignem
veni mittere in terram et quid volo nisi ut accendatur.*
Les ardeurs de son zèle embraseront les âmes ; mais
sa fidélité aux doctrines de l'Église sera inaltérable.
Fidèle à son maître, il ne sera point *le chien muet* dont
parle l'Écriture et sa grande voix sera la terreur de
l'hérésie. Il naît apôtre et sera docteur; l'étoile lumineuse de la science illumine son front au jour de son
baptême. *Quis putas puer iste erit* : qui pensez-vous
donc que sera cet enfant ? Cet enfant, il sera comme
Jean-Baptiste une lumière ardente et luisante. Il sera

l'illustration de l'Église elle-même : *Deus qui ecclesiam tuam illustrare voluisti.* Il faut ici peser les termes. La liturgie catholique emploie rarement de telles expressions, si ce n'est en parlant de la glorieuse Vierge Marie : *cujus vita inclyta cunctas illustrat ecclesias.* Voilà donc Dominique placé sur le même rang que la reine du Ciel; et qu'y a-t-il là d'étonnant puisqu'il l'a choisie pour la reine de son ordre. La Sainte-Vierge a accepté cette royauté, et, un jour, dans une vision, saint Dominique pourra contempler ses enfants tous réunis sous la protection de son manteau royal. Le pieux apôtre a tressé lui-même la couronne de roses qui brille sur le front de la reine immaculée ; elle le lui rend en l'associant à sa gloire.

Illustrer l'Église ! Mais l'Église n'est-elle pas le compendium magnifique de toutes les gloires et de toutes les grandeurs ? Cherchez donc, mes frères, une institution humaine qui puisse se présenter avec un cortège aussi glorieux et aussi abondant de grandes lumières et de grandes vertus. Le monde veut essayer quelquefois la contrefaçon de l'œuvre de Dieu; il n'y réussira jamais. On l'a bien vu au dernier siècle : après avoir fermé nos temples, on a voulu proscrire le nom des saints et refaire le calendrier suivant la méthode révolutionnaire. Qu'en est-il résulté, si non une œuvre parfaitement ridicule et qui n'a pu durer ? Dieu seul peut trouver sa gloire à se montrer au monde entouré de l'assemblée glorieuse des saints qu'il a formés lui-même de sa propre parole et par sa propre vertu : *Deus qui gloriaris in concilio sanctorum tuorum.*

Eh bien donc, c'est au milieu de toutes ces gloires que saint Dominique doit trouver sa place et il s'y fera remarquer, comme le dit encore l'Église, par l'éclat incomparable de ses mérites et de sa science, *meritis et doctrinis*. Remarquez ici, mes frères, que pour Dominique, comme toujours, le mérite précède la science. *Cœpit Jesus facere et docere ; qui fecerit et docuerit hic magnus vocabitur.* Il a commencé par pratiquer avant d'enseigner. Vous connaissez les origines de son apostolat ; c'était à Montpellier : Dominique était venu en France accompagnant Don Diego d'Azèvedo. Ils rencontrèrent dans cette ville les légats du pape fatigués de leur mission et presque découragés. « Que faites-vous donc, mes pères, s'écrie le saint évêque ? Ce n'est pas ainsi qu'il faut prêcher l'Évangile. Il faut prêcher d'exemple avant d'annoncer la doctrine. Dépouillez-vous donc de tout cet appareil qui vous environne. » Il dit, et lui-même donne l'exemple ; il renvoie en Espagne toute sa suite et ses équipages ; les légats en font de même et ils s'en vont tous à pied, un bâton à la main à travers les difficultés du chemin, n'emportant rien que leurs livres de controverse et s'abandonnant pour le reste aux soins de la providence.

C'en est fait ; Dominique a trouvé sa voie. Il y persévèrera quand tous ses compagnons seront dispersés ou seront morts à la peine. Il sera toute sa vie, dans sa personne et dans les siens, l'homme vraiment apostolique. Il réalise dans toute leur perfection les conseils du maître à ses premiers apôtres. Il n'aura qu'un seul vêtement qu'il rapiécera lui-même un jour miraculeusement en en soudant les lambeaux avec de la boue ; l'Évangile permet une seule paire de chaussures ; il n'en aura point et marchera nus-pieds : un jour, il convertira un hérétique par la vertu du sang qui en découlera en traversant un champ d'épines, et par sa patience inaltérable, il transformera une œuvre de malice et de méchanceté en occasion de salut. Le maitre ne veut pas qu'on s'embarrasse d'une besace trop chargée, il n'aura d'autre bagage que ses livres, et un jour Dieu les lui rendra miraculeusement quand il les aura perdus en traversant une rivière. Sa meilleure nourriture, comme pour le Sauveur Jésus, sera de faire la volonté du père céleste, et si ses compagnons défaillent en route, nouvel Héli, il trouvera dans l'aridité même du désert, en traversant les Alpes, le *pain cuit sous la cendre*, *subcinericium panem*, qui rétablira leurs forces et leur donnera le courage. Que ne pourrait-on pas dire de son esprit d'oraison, de son recueillement continuel, de ses mortifications extraordinaires, de ses flagellations héroïques? Vous êtes suffisamment édifiés sur ce point, mes pères, et je crois inutile d'insister et d'entrer dans le détail de tant de mérites et de vertus. Je ne pourrais le faire sans blesser votre modestie, tant vous êtes les fidèles imitateurs de votre saint Patriarche.

Le mérite est un état glorieux créé en nous par la grâce qui nous rend dignes du service de Dieu et de la récompense surnaturelle qu'il nous réserve. D'une manière plus large et dans son sens étymologique le mot mérite veut dire service rendu, *mea ergà te merita*.

Par là se trouve condamnée cette sottise qui ne veut voir dans les Saints que de pieux fainéants (tant vaut dire le mot puisqu'il a été prononcé), des hommes inutiles. Le Saint et le religieux sont avant tout des hommes de dévouement; le mot *devotus* ne veut pas dire autre chose. L'immolation et le sacrifice sont leur pain quotidien Ils se dévouent et s'immolent pour la gloire de Dieu et pour le salut de leurs frères.

Entendez ici, mes frères, une belle doctrine: la Charité de Dieu et la Charité du prochain, distinctes dans leur objet, sont la double manifestation d'un seul et même sentiment. Le même acte qui exprime notre amour pour Dieu comprend aussi l'amour du prochain. La mesure est différente mais le sentiment est identique. *Si quelqu'un dit qu'il aime Dieu et n'aime pas ses frères celui-là se trompe. Qui diligit legem implevit.*

Dieu a voulu que les intérêts de sa gloire fussent intimement liés au salut du prochain et que l'homme fût directement intéressé à la gloire de Dieu par le désir de son propre salut. Voilà, si j'ose m'exprimer ainsi, comme la Charte divine de l'apostolat chrétien. L'apôtre est avant tout (comme son nom l'indique) l'homme de Dieu, l'envoyé de Dieu, mais il est aussi l'homme du peuple. Parlez au Seigneur, disaient les Israélites à Moïse, de peur que voyant Dieu, nous ne mourrions de mort.

Il ne s'agit point ici, comme vous le pensez bien, mes frères, de glorifier cette théorie panthéistique qui absorbe Dieu dans l'humanité et exalte jusqu'au fétichisme cette collectivité numérique qui, pour nos modernes idéologues, est la suprême incarnation du divin. Une telle monstruosité philosophique est le renversement complet de l'ordre moral et la suppression même de l'apostolat ; on ne voit plus que des flatteurs de la vile multitude là où il n'y a plus que des instincts ou des appétits à glorifier. Il y a union sans doute et rapport nécessaire entre le Créateur et la créature, mais non confusion ou absorption complète de leur identité réciproque. L'homme n'est grand que par Dieu. Nous admettrons volontiers la légitimité des droits de l'homme, mais à la condition de reconnaitre qu'ils sont corrélatifs des droits de Dieu. De cette corrélation même nait le devoir et le devoir fécondé par l'amour est le suprême honneur et la souveraine grandeur. Tel est l'idéal rêvé par l'apôtre, pour ses frères. Il ne veut point rabaisser Dieu jusqu'à l'homme mais exalter l'homme jusqu'à Dieu. Son cœur est assez vaste pour contenir ce double objet d'une même Charité. Trait-d'union subli- me il relie la terre au ciel, et, nouveau J.-C., dont il a revêtu le caractère et continue la mission, il unit dans l'unité vivante et personnelle de son dévouement apos- tolique la distinction des deux natures qui se donnent en lui le baiser de paix : *sacerdos alter Christus.*

Tel est le ministère de l'apôtre. Or la charité em- brasse l'homme tout entier, dans son corps et dans son âme. L'Eglise a ses Vincent de Paul, ses saint Jean de Dieu et tant d'autres qui s'emploient au soulagement des infirmités humaines. Elle ne cesse de tendre la main pour les pauvres et si, par impossible, on venait un jour à la supprimer et à mettre à la charge de la société le poids énorme de misères qu'elle soulage, la société ne saurait y suffire. Aussi bien, c'est surtout par là que l'Eglise tient le monde et tant qu'il y aura ici-bas des misères à soulager le monde ne saurait se passer de son ministère. Notre siècle matérialiste ne l'apprécie qu'à ce point de vue utilitaire ; elle ne compte à ses yeux que comme un élément nécessaire d'un système d'économie sociale ou politique, comme on dit aujourd'hui.

Mais les vues de l'Eglise sont plus nobles et plus relevées. La charité matérielle n'est, pour elle, que l'instrument de la charité spirituelle. Elle ne soigne les corps que pour gagner les âmes. Et qui donc con- naît aujourd'hui le prix des âmes ? Qui donc apprécie la valeur de ce trésor précieux que nous portons en nous-mêmes et que J.-C. a racheté de son sang ? Le médecin déclare qu'il a analysé le corps humain et qu'il n'a jamais trouvé au bout de son scalpel cette entité abstraite et chimérique. Le positiviste enseigne

que l'homme est une machine et la pensée une sécré-
tion du cerveau ; et le temps n'est pas éloigné, dit-on,
où le chimiste se glorifiera de réunir dans son creuset
les éléments de la pensée et la substance même de la
vie.

O terrible aberration de notre siècle !.... Ne serait-
elle pas une terrible punition de Dieu ? *Quos vult per
dere Jupiter dementat.* Heureux treizième siècle où le
mouvement des esprits et l'élan religieux étaient si
puissants ! Heureux âge qui avez donnez au monde
dans un même enfantement, saint Dominique et saint
François, ces amants passionnés des âmes et qui avez
produit, à leur suite, une légion innombrable de saints
et d'apôtres. Qui n'admirerait le zéle de ces hommes
de Dieu ?

Saint Dominique est tout entier à son œuvre ; il s'y
emploie, nous dit la chronique, par la prière et la patience, la parole et l'instruction. Ses moyens sont ceux
des apôtres : *nos autem orationi et ministerio verbi ins-
tantes erimus.* Laissant aux diacres la distribution des
aumônes, les apôtres s'emploient à une œuvre plus
haute. Ainsi fait saint Dominique. Il institue le rosaire ;
homme d'oraison, il veut s'assurer le concours de
toutes les âmes saintes et unir l'Eglise tout entière
dans une vaste conspiration contre l'ennemi du salut.
La prière des simples, l'*Ave Maria*, devient entre ses
mains une arme terrible et glorieuse, et les épines de
la couronne que l'hérésie avait mise au front de l'E-
glise persécutée se changent, sous le souffle inspiré de
son ardente piété, en roses brillantes et parfumées :
aculeos mutat rosis. C'en est fait ; la prière des simples sera désormais la meilleure ressource de l'Eglise.
Si les grands du siècle ne veulent plus de nous, s'ils
méconnaissent notre voix, nous irons comme J.-C. aux

pauvres et aux déshérités de ce monde (*debiles et claudos*), nous convoquerons autour de nous les âmes simples, nous réciterons le rosaire, et l'orgueil du siècle sera vaincu. Le rosaire a bien triomphé des Turcs à Lépante pourquoi ne ferait-il pas reculer la barbarie moderne ?

La parole est le second moyen dont se sert saint Dominique. Encore une noble chose dont on abuse de nos jours ! A voir l'usage que l'on fait aujourd'hui de la parole, on serait bien tenté de répéter ce mot d'un esprit chagrin du dernier siècle : « la parole n'a été donnée à l'homme que pour déguiser sa pensée. » La parole est-elle toujours au service de la vérité ? Je dirai moins encore ; est-elle toujours au service de convictions sincères ? Je respecterai toujours un homme profondément convaincu, quelles que soient ses erreurs. Mais ce qui est parfaitement détestable, c'est cet axïome de Voltaire, que notre siècle semble avoir pris à tâche de réhabiliter : *mentez, mentez, il en restera toujours quelque chose.* Seul l'apostolat chrétien fait retentir dans sa parole le noble son d'une conviction sincère. Quand il s'appelle Dominique l'apôtre est un saint avant d'être orateur. Il réalise pleinement la définition des anciens: *vir bonus dicendi peritus.* Pour lui l'éloquence est véritablement le son que rend une grande âme. Il a fait passer dans la pratique toute la sincérité et l'énergie de ses convictions. Tout parle en lui, son attitude, sa démarche, son maintien, car l'éloquence ne sera jamais mieux drapée que sous ce beau vêtement de la modestie dont parle saint Paul, *induite vos modestiam.*Cette prédication de saint François, saint Dominique l'a pratiquée lui-même avec le plus grand succès et il a converti pour le moins autant d'âmes par son exemple qu'il en a touché par sa parole ardente et convaincue. Un jeune homme ravi de son éloquence lui demanda un jour dans quels livres il avait étudié : « Mon fils, répondit-il, c'est dans le livre de la charité plus qu'en tout autre, car celui-là enseigne tout. »

Admirable réponse que nous retrouverons plus tard sur les lèvres de saint Thomas-d'Aquin disant à ses disciples qu'il a plus appris aux pieds de son crucifix que dans les livres de théologie. Pour être modeste, le véritable mérite n'en est que plus sérieux et plus éclairé. Il n'y a rien de plus anti-scientifique, s'il m'est permis de parler ainsi, qu'une suffisance exagérée, et le véritable savant aime à proclamer comme Socrate qu'il ne sait qu'une chose c'est qu'il ne sait rien. Nous ne possédons le tout de rien, dit Pascal, donnant à cette formule une rigueur plus mathématique.

Quoiqu'il en soit la prédication de saint Dominique était savante à ses heures. Il emploie avec une supériorité incontestable un genre dans lequel ses disciples sont encore aujourd'hui nos maîtres. J'ai nommé la conférence. Il était chargé, nous dit la chronique, de *convaincre* les hérítiques. Ce seul mot porte avec lui toute une démonstration. C'était la controverse avec tout ce qu'elle demande de science, de pénétration et de vigueur dans le raisonnement. Dominique y excelle dans un siècle où l'érudition, la fureur de raisonner était telle qu'elle s'épuisait en subtibilités. Le pape lui-même veut l'entendre et demeure ravi de cette parole si lumineuse et si profonde : Dominique est nommé maître du Sacré palais et lègue à perpétuité à ses disciples ce magistère de la science théologique rehaussé de tout l'éclat de ses mérites et de ses vertus.

Mais le génie est créateur et se révèle surtout par ses œuvres et dans les institutions qu'il lègue à la postérité. Dans un siècle dit siècle d'obscurantisme

Dominique a voulu fonder un ordre de docteurs en même temps qu'apôtres. Il ne redoute pas la lumière. Il s'en va droit planter sa tente au sein des universités les plus célèbres d'alors. Bologne, Rome, Paris, sont le premier objectif qu'il se propose. Il affectionne d'une manière particulière la jeunesse studieuse des écoles qui vient en foule entendre sa parole et son ordre se recrute presque exclusivement parmi les maîtres les plus célèbres de ce temps. Il règle encore lui-même dans ses constitutions que ses novices assisteront aux cours de l'université et qu'ils y prendront leurs grades. Le plan d'études qu'il leur trace est immense et le stage préparatoire au ministère apostolique comprendra pour ses disciples une longue série de dix années d'études et de sérieux travail.

Son ordre se développe et l'activité intellectuelle si abondante de cette époque en est accrue. On sent qu'une impulsion de génie lui a été communiquée. *Fervet opus* : l'émulation devient considérable et le temps n'est pas éloigné où, suivant la parole de Albert le Grand, les mugissements du grand bœuf muet de la Sicile étonneront l'Europe entière. Avec saint Thomas, l'ordre de saint Dominique va devenir l'ordre de la *Vérité, Veritas,* et ce mot magnifique embrasse dans la pensée du moyen-âge l'universalité des sciences avec la théologie pour maitresse et pour reine. L'impulsion est donnée elle se continuera pendant des siècles. La somme du grand Dominicain sera la Bible des conciles et aujourd'hui même malgré toutes les ruines intellectuelles accumulées par la Révolution, en dépit de toutes les infatuations de notre siècle pour ses hypothèses et découvertes scientifiques, il nous est permis d'entrevoir un retour prochain et presque nécessaire du monde savant à la physique de saint Thomas et à sa théorie des êtres substantiels.

Avouons-le, mes frères, ce temps valait bien le nôtre quoiqu'il s'intitule pompeusement le siècle des lumières. On n'avait pas, il est vrai, coupé les ailes à la science sous prétexte de la ramener à la science expérimentale. On n'avait pas renié la métaphysique et la lumière du soleil pour s'emprisonner dans la matière et les ténèbres de la nuit. Mais un spiritualisme large et élevé animait les études et les poussait dans la voie de l'infini, la seule, il faut bien le dire, et l'expérience l'a prouvé, qui mène l'homme aux grandes découvertes et aux théories fécondes si nécessaires au développement de la science expérimentale elle-même.

Et pourquoi donc l'Eglise aurait-elle peur de la science ? Pourquoi s'opposerait-elle à son développement ? Comment cette doctrine qui doit être prêchée *sur les toits* et en plein soleil, aurait-elle peur de la lumière. La Cosmogonie de Moïse et les Livres Saints n'ont-ils pas été *vengés* dans ces derniers temps par la science elle-même. La véritable science sera toujours le vestibule de la foi et le mot de Bacon ne saurait être démenti : peu de science éloigne de la religion, beaucoup de science y ramène.

S'il en est ainsi, pourquoi donc y aurait-il incompatibilité absolue entre l'enseignement des universités et celui de la chaire chrétienne. Pourquoi réclamer avec tant d'acharnement la séparation de l'Eglise et de l'école et l'enseignement sans Dieu. Dieu nous garde, mes frères, de la réalisation complète de ces théories abominables dont le résultat le plus sûr est de ruiner la science elle-même dans son fondement le plus intime, et de nous ramener finalement à l'homme machine ou à l'homme singe pour l'abrutissement complet de la société et le retour à la barbarie. Si la société ne veut pas périr elle devra revenir à la pensée de saint

Dominique qui est aussi la pensée de l'Église et renouer dans l'enseignement pratique l'alliance éternelle de la raison et de la foi.

Déjà l'institution des universités catholiques semble nous annoncer l'aurore d'un jour meilleur et l'ouverture d'une ère d'affranchissement des intelligences. Saluons avec bonheur ce renouveau et demandons à Dieu par l'intercession de saint Dominique le plein développement de germes si précieux. Vous, mes pères, vous êtes les auxiliaires nés de cette grande entreprise et je ne m'égarerai pas en voyant un signe de providence et un gage d'avenir dans la résurrection presque simultanée des universités catholiques et de l'ordre des Frères Prêcheurs.

Notre sainte liturgie continue: faites Seigneur que par l'intercession de notre saint, votre Eglise ne soit pas dépourvue de secours temporels (*temporalibus auxiliis*).

Ai-je bien dit, mes frères, et l'Église fille du ciel aura-t-elle jamais besoin du bras séculier? Aurait-elle même le droit de l'employer si son secours lui était spontanément offert? L'histoire pourra-t-elle jamais justifier les théories étranges et abusives d'Innocent III et de saint Dominique à cet endroit? La liberté des intelligences n'est-elle pas la meilleure garantie de la sincérité des convictions? Ne doit-il pas y avoir séparation complète entre l'Eglise et l'Etat? la tolérance universelle, l'indifférentisme, l'athéisme pratique, ne sont-elles pas les seules doctrines qui conviennent à la politique? Poursuivons, mes frères, et laissons l'objection se développer dans toute son ampleur. Elle en viendra fatalement à nous redire cet axiome célèbre d'un homme d'État de nos jours: *la force* prime le droit. Si l'État ne doit pas s'occuper des âmes, s'il doit

même se désintéresser des idées religieuses et philo-
sophiques, il ne lui reste plus que la force et la force
aveugle que l'égoïsme seul et l'intérêt particulier diri-
geront. Or, serait-il vrai que la force n'existe que pour
elle-même et qu'elle ne doit jamais être mise au service de l'idée ? Le droit international, ne serait-il qu'une
pondération d'intérêts plus ou moins bien combinés et
n'aurait-il pas une sanction plus haute dans la volonté
de Dieu qui sanctionne la légitimité de la propriété et
la couvre de son inviolabilité ? A Dieu ne plaise que
de telles doctrines puissent jamais prévaloir parmi
nous. Ce serait revenir à la barbarie antique. Procla-
mons-le avec la sagesse même, le droit *prime la force*
et la force ne saurait être que l'humble servante de
la vérité. L'Église l'a bien compris ; et de même qu'elle
a armé le chevalier pour la défense du pauvre et de
l'opprimé, elle a organisé les croisades pour la défense
de la religion et de la société menacées. Les croisades
ont rendu de grands services à la politique en même
temps qu'elles ont été le salut du nom chrétien. Car,
remarquez le bien, les intérêts de la religion et de
l'État seront toujours mêlés et confondus. On ne peut
les séparer que par une distraction violente et contre
nature. Les peuples y reviendront toujours, parce que
les peuples et la société ne vivent que de principes et
que !a religion est la souveraine et infaillible gar-
dienne des principes. Si nous nous reportons au temps
de saint Dominique nous saisirons encore mieux la
vérité et la nécessité de cette union indissoluble entre
les intérêts de la religion et de la société. On ne peut
ébranler l'autorité de l'une sans menacer l'autre dans
son fondement le plus intime et l'hérésie des Vaudois,
les socialistes d'alors, ne s'attaquait pas seulement au
dogme, mais amenait dans la pratique les excès les
plus condamnables.

Comment donc s'étonner que la société se soit armée contre des ennemis si dangereux ? Comment s'étonner qu'Innocent III ait organisé la croisade et que saint Dominique lui ait prêté le concours de son zèle et de sa science apostoliques ? Oh! qui nous rendra cet heureux temps où tout un peuple se levait ainsi au cri de : Dieu le veut, et défendait avec le même zèle ses autels et ses foyers ? *Pro aris et focis*, cette devise antique n'a jamais été mieux comprise ni plus largement pratiquée qu'au moyen-âge. Admirons donc ces temps héroïques et cessons de les calomnier. Et serait-il donc vrai qu'on ne doit plus aujourd'hui au peuple que du pain et des jeux ? La charité de ses gouvernants n'a-t-elle plus le devoir de lui donner la vérité ? Tout au moins lui devrait-elle de le protéger contre l'erreur, cette peste intellectuelle, qui gâte les âmes et corrompt les cœurs. Mais non, nous sommes sur la pente de la pratique des libertés illimitées, et Dieu sait qu'elle conduit aux abîmes !

Cette protection de la vérité par la proscription de l'erreur est moins *utile* à l'Eglise que *nécessaire* à la société. Si Dieu a voulu constituer socialement son Église pour le bien de l'humanité, il n'a pas tellement lié son avenir aux destinées de tel ou tel peuple qu'elle doive périr nécessairement avec eux. Le monde entier est son domaine ; le candélabre peut être transposé, mais il reste toujours splendide et lumineux. L'Eglise porte en elle-même son principe de vie ;l'immortalité est son bien propre et sa jeunesse s'y renouvelle sans cesse, *renovabitur ut aquilæ juventus tua*. Si les peuples ne veulent pas d'elle, ils périront ; elle restera debout sur leurs ruines. A proprement parler, il n'est point pour elle de situation désespérée. Ceux qui la persécutent ne la connaissent point ; ses ennemis, dit

Lacordaire, n'ont jamais lu attentivement son histoire. Ils y auraient remarqué la fécondité invincible de ses ressources et l'à-propos merveilleux de cette fécondité. On le vit bien à la fin du douzième siècle, à ce moment un des plus pénibles de son histoire, alors que la basilique de Latran, mère et maîtresse de toutes les Églises, semblait elle-même chanceler sur sa base et près de tomber en ruines. Les disciples de Waddo, les vieux catholiques d'alors, s'en vont partout disant que l'Église a fait son temps, que son règne est fini et que sa ruine est proche. Quand tout-à-coup, du sein de cette mère désolée, dont les fils dégénérés proclament à l'envie la décrépitude et la déchéance, sort un prodige inattendu de fécondité et de vie. Deux hommes paraissent sur la scène du monde, saint Dominique et saint François ; ils se donnent le baiser de paix au centre même de l'unité catholique, et dans cet embrassement fécond de la pauvreté et de la science, l'Eglise entière est régénérée et va renaître à une vie nouvelle. *Lœtare sterilis , erumpe et clama quæ non parturis quià, etc.* C'est tout un peuple d'apôtres et de saints que l'esprit de Dieu suscite autour de ces hommes illustres. Leur famille spirituelle prend des proportions considérables. L'Europe entière est enlacée dans les mailles nombreuses de cet immense filet apostolique. La pêche est miraculeuse et le filet ne se rompt pas, et plusieurs siècles durant ces nouveaux pêcheurs d'hommes continueront avec succès leur œuvre admirable.

Digitus Dei hic est : le doigt de Dieu est là. Le surnaturel déborde dans la vie de notre saint : on se croirait revenu aux temps héroïques du Christianisme. C'est le même mépris des moyens humains ; la même facilité d'expansion. Il y avait je ne sais quoi de merveilleux, dit le bienheureux Jourdain de Saxe, dans la manière dont le bienheureux serviteur de Dieu Dominique dispersait çà et là les frères dans toutes les régions de l'Eglise de Dieu, malgré les représentations qu'on lui adressait quelquefois et sans que sa confiance fut jamais obscurcie par l'ombre d'une hésitation. On eut dit qu'il connaissait d'avance le succès et que l'Esprit Saint le lui avait révélé. « Messeigneurs et mes pères, disait-il à plusieurs évêques qui voulaient le modérer, ne vous opposez point à moi, car je sais bien ce que je fais. » « Le grain, disait-il encore, se corrompt lorsqu'on le tient entassé, il fructifie quand on le sème. »

La moisson, en effet, ne pouvait que se lever abondante, Dieu étant visiblement avec ces hommes apostoliques et leur donnant sur les âmes un ascendant vraiment merveilleux. *Nemo poterat resistere sapientiæ et spiritui qui loquebantur.* Vous connaissez l'histoire du frère Moneta, qui voyant tout le monde céder autour de lui, se tient sur ses gardes contre cette contagion d'un nouveau genre à laquelle il est bien résolu de se soustraire. Il évite à dessein d'assister aux prédications. Le hasard fait qu'il arrive à l'église au moment même où frère Réginald termine son discours. C'en est fait : il est gagné ; la péroraison du saint est entrée dans son âme comme un trait vainqueur. Une autre fois c'est Conrad le Teutonique, maître illustre dont les frères de Bologne voudraient bien faire la conquête. Dominique se met en prières; le lendemain maitre Conrad vient lui-même demander humblement l'habit des Frères Prêcheurs. Nous retrouvons sur les lèvres de notre saint le *veni sequere me* de l'Evangile presqu'avec la même puissance et la même vertu. Il commande ; on obéit sans hésitation, *relictis retibus, secuti sunt eum.*

O heureuse fascination du génie de la sainteté! rien ne résiste à vos attraits. Voici que le monde lui-même est vaincu: *confidite ego vici mundum*, et le démon s'étonne de voir la vie religieuse pousser de profondes racines jusqu'au milieu de cette corruption du siècle dont l'empire semblait lui être exclusivement réservé. Cette terre aride et désolée, condamnée par la malédiction divine à ne plus produire que des ronces et des épines, en vient à produire des fleurs magnifiques de grâces et de vertus, et les anges eux-mêmes se penchent avec amour pour contempler ces âmes d'élite dont le premier sourire est une rose entr'ouverte exhalant un parfum délicieux de sainteté. Les tiers-ordre, dit Lacardaire, a produit des saints sur tous les degrés de la vie humaine, depuis le trône jusqu'à l'escabeau, avec une telle abondance que le désert et le cloître pourraient s'en montrer jaloux. Qui n'a entendu parler de sainte Catherine de Sienne et de sainte Rose de Lima, ces deux étoiles dominicaines qui ont éclairé deux mondes ? Qui n'a lu la vie de sainte Elisabeth de Hongrie, la franciscaine? Ainsi l'esprit de Dieu prend cœur à son ouvrage avec le temps ; il proportionne les miracles aux misères et après avoir fleuri dans les solitudes il s'épanouit sur les grands chemins.

L'œuvre de Dominique est terminée ; le tiers-ordre la développe largement ; les monastères de femmes qu'il a fondés tant à Prouille qu'à St-Sixte et à Ste-Sabine sont florissants ; il a repeuplé les solitudes qui ne connaissaient avant lui que le vide et le découragement. L'ordre des Frères Prêcheurs occupe toute l'Europe ; le dernier chapitre général vient d'achever la dispersion des Frères ; le vœu du saint fondateur sera bientôt accompli, le monde entier les connaîtra. Dominique peut mourir en paix ; son œuvre lui survivra

et recevra la consécration suprême des œuvres de
génie : la durée. *Elegi vos ut fructum afferatis et fruc-
tus vester maneat.*

Nous nous demanderons, en finissant, le secret et la
raison de ce glorieux privilège qui met ainsi l'œuvre
de saint Dominique à l'épreuve du temps. Devons-nous
attribuer l'heureuse conservation d'un ordre si utile à
l'Eglise, à la sagesse des constitutions, à cet arôme
de la science qui, suivant la parole de Bacon, conserve
les institutions comme les parfums conservent les
corps et les préservent de la corruption du tombeau?
Pour nous, chrétiens et catholiques, la réponse à cette
question ne saurait être douteuse; nous ne connaissons
ici-bas d'autre fondement solide que celui qui a été éta-
bli par J.-C.: *tu es Petrus.—Ubi Petrus, ibi ecclesia.* Pour
réformer l'Eglise, Dominique ne s'est pas séparé de
l'Eglise. et ce n'est qu'à l'Eglise que Dieu a promis
l'avenir et la durée. Nous comptons jusqu'à six voya-
ges à Rome dans la vie de notre saint, dans un temps
où les communications n'étaient pas faciles. Dominique d'ailleurs voyageait toujours à pied et en sim-
ple pèlerin. Dominique comprenait que l'initiative
privée n'a de valeur qu'autant qu'elle est confirmée par
l'autorité souveraine. Il a voulu le faire humble et se
soumettre, *factus obediens*, parce que l'orgueil est
un principe révolutionnaire et désorganisateur ; l'hu-
milité seule exalte et glorifie. Nous nous tournerons
donc en finissant vers la chaire de Pierre pour demander au magnanime Pontife qui l'occupe en ce moment
une de ces bénédictions efficaces qui relèvent les âmes
et les affermissent dans le bien. Père saint, sauvez ce
monde sceptique endormi à l'ombre de la mort ! Nous
périssons parce que la vérité a été *diminuée*, amoin-
drie, méconnue, outragée ; or, sans la vérité, tout se di-

vise et se désagrège ici-bas, la société est en péril. L'erreur est pour elle un principe de mort ; c'est pourquoi l'apôtre s'attache aux deux seules choses qui peuvent la ruiner; le culte de Marie dont il est écrit qu'elle suffit à détruire les hérésies dans le monde entier, et la Papauté qui en est le marteau. Hardi pionnier de la verité il s'en va planter sa tente au milieu des peuplades hérétiques ou barbares, mais ne peut rien que par la mission qui lui est donnée, *quomodo prœdicabunt nisi mittantur* ; elle est sa lumière et sa force parce que elle émane du représentant de Dieu sur terre, organe infaillible de la Vérité. *Veritas*, cette fière devise ne vous convient si bien, mes pères, que parce que vous recevez comme des oracles les décrets de ce pontife romain dont le plus beau titre de gloire, en ce siècle de scepticisme universel, est d'avoir défendu la raison contre les rationalistes eux-mêmes. O doux Pie IX, comme vous êtes le pape de Marie, vous êtes aussi le pape de l'infaillibilité ! Parachevez cette œuvre grandiose dont le *Syllabus* et le Concile sont les colonnes magnifiques; mais surtout, malgré toutes les calomnies accumulées sur votre tête, ne cessez point d'inscrire de nouveaux noms aux diptypes sacrés. Que jamais nous ne puissions dire que les Saints nous manquent, parce qu'alors ce serait la ruine. Des Saints ! ô mon Dieu ! Donnez-nous des Saints !

Donnez au siège apostolique des Léon, des Grégoire-le-Grand, qui soient les colonnes de l'Eglise, et soutiennent devant les puissants du monde, comme nous la voyons aujourd'hui soutenue, la majesté de l'Evangile !

Donnez-nous des Athanase, des Chrysostôme et des Ambroise, qui unissent aux dons du génie un cœur intrépide et une vertu sans tache ! des Thomas de Cau-

terbéry, qui sachent résister, pour la défense des droits
de l'Eglise, aux convoities des princes et aux passions
des peuples !

Donnez-nous des apôtres comme les Vincent de
Paul, les François Régis, les Vincent Ferrier, les Dominique !

Donnez-nous des martyrs comme les humbles mis-
sionnaires et les obscurs chrétiens que Rome vient de
canoniser !

Des Saints ! mon Dieu ! de grandes âmes ! des prê-
tres généreux ! de grands chrétiens ! des hommes de
mortification et de prière ! de ces âmes intérieures,
comme il y en eut toujours de cachées dans l'Eglise, et
dont les larmes et les prières silencieuses sauvent le
monde !

Multipliez-les, ô mon Dieu ! que cette glorieuse race
ne se perde pas sur la terre, et que l'Eglise catholique
soit toujours féconde pour les enfanter, *spiritualibus
amplificetur augmentis* ! Amen !

www.ingramcontent.com/pod-product-compliance
Lightning Source LLC
Chambersburg PA
CBHW061354050726

47595CB00005B/2250